司马迁 天下熙熙，皆为利来；天下壤壤，皆为利往。

◎《史记·货殖列传序》

司马迁 人固有一死，或重于泰山，或轻于鸿毛。

◎《报任安书》

目录

藏在古文观止里的那些事儿

4 汉文

新新世纪◎编

新疆生产建设兵团出版社

《古文观止》中的
那些经典语句

项　羽　天亡我，非用兵之罪也。

◎《史记·项羽本纪赞》

司马迁　《诗》有之："高山仰止，景行行止。"虽不能至，然心乡往之。

◎《史记·孔子世家赞》

管　仲　仓廪实而知礼节，衣食足而知荣辱。

◎《史记·管晏列传》

齐威王　此鸟不蜚则已，一蜚冲天；不鸣则已，一鸣惊人。

◎《史记·滑稽列传》

汉文

铁骨铮铮傲岁寒

司马迁

司马迁，夏阳（在今陕西韩城西南）人。出身史学世家，父亲司马谈官至太史令。司马迁十岁时随父到长安，先后求学于董仲舒和孔安国门下。二十岁开始游历名山大川，所到之处均考察风俗，采集史迹传说。继承父亲太史令的职位后，司马迁得以饱览朝廷藏书，又随汉武帝到各地巡游，增长了见识；他同时开始着手整理史料，以完成父亲写一部“名主贤君、忠臣死义之事”的通史的遗愿。汉武帝天汉二年（前99），李陵出征匈奴时因友军接应不力身陷重围，在矢尽粮绝的情况下投降匈奴，司马迁因上疏为李陵辩护触怒武帝，被处以宫刑。受此大辱，司马迁痛不欲生，但为了实现自己的理想，决心“隐忍苟活”。出狱后任中书令，继续发愤著书，终于完成了被鲁迅先生誉为“史家之绝唱，无韵之离骚”的伟大著作——《史记》。

《史记》原名《太史公书》，是我国第一部纪传体通史，它记载了上至传说中的黄帝时期，下至汉武帝太初年间三千多年的历史，并开创了纪传体和书表的编写体例。

项羽本纪赞

太史公司马迁说：我听周生说，“舜的眼睛是双瞳仁”，又听说项羽也是双瞳仁。项羽莫非是舜的后代？他的崛起是何其迅猛啊！当秦国统治昏聩(kuì)无道的时候，陈涉是第一个向秦国反抗的，随后天下的豪杰便蜂拥而起，群雄逐鹿，参与争夺天下的人，多得数也数不清。项羽没有一尺一寸的地盘，只是趁势从民间崛起，只三年的时间就率领五国诸侯将秦国灭亡了。他分割天下的土地以分封王侯，一切政令都由他颁布，号称“霸王”。他的霸主地位虽然没有维持多久，但他的功业，也是近古以来未曾有过的了。等到项羽放弃了关中之地，怀恋楚地（而回到楚国故地建都），放逐了义帝而自立为王，这时又埋怨诸侯王公们背叛自己，他的处境，实际上已经是很艰难的了。他自认为功高盖世，战绩卓著，只知道按个人的想法行事而不从前

人的经验教训中求取胜败兴亡之道，一心沉醉于霸王之业，而想要凭借武力统治天下，只有五年的时间，终于使国家灭亡了。直到他自己死在东城还不觉悟，不肯反省自责，这实在是过错啊！他却说：“是天要亡我，并不是我用兵的过错。”这岂不是太荒唐了吗！

原文欣赏

太史公曰：吾闻之周生曰“舜目盖重瞳子”，又闻项羽亦重瞳子。羽岂其苗裔[1]邪？何兴之暴[2]也！夫秦失其政，陈涉首难，豪杰蜂起，相与并争，不可胜数。然羽非有尺寸，乘势起陇亩之中，三年，遂将五诸侯灭秦，分裂天下而封王侯，政由羽出，号为“霸王”。位虽不终，近古以来未尝有也。及羽背关怀楚，放逐义帝而自立，怨王侯叛己，难矣。自矜功伐，奋其私智而不师古，谓霸王之业欲以力征经营天下，五年卒亡其国，身死东城，尚不觉寤(wù)[3]而不自责，过矣。乃引“天亡我，非用兵之罪也”，岂不谬(miù)哉！

注释

①苗裔：后代子孙。②暴：突然，迅猛。③寤：同“悟”。

思维导图

写作技巧

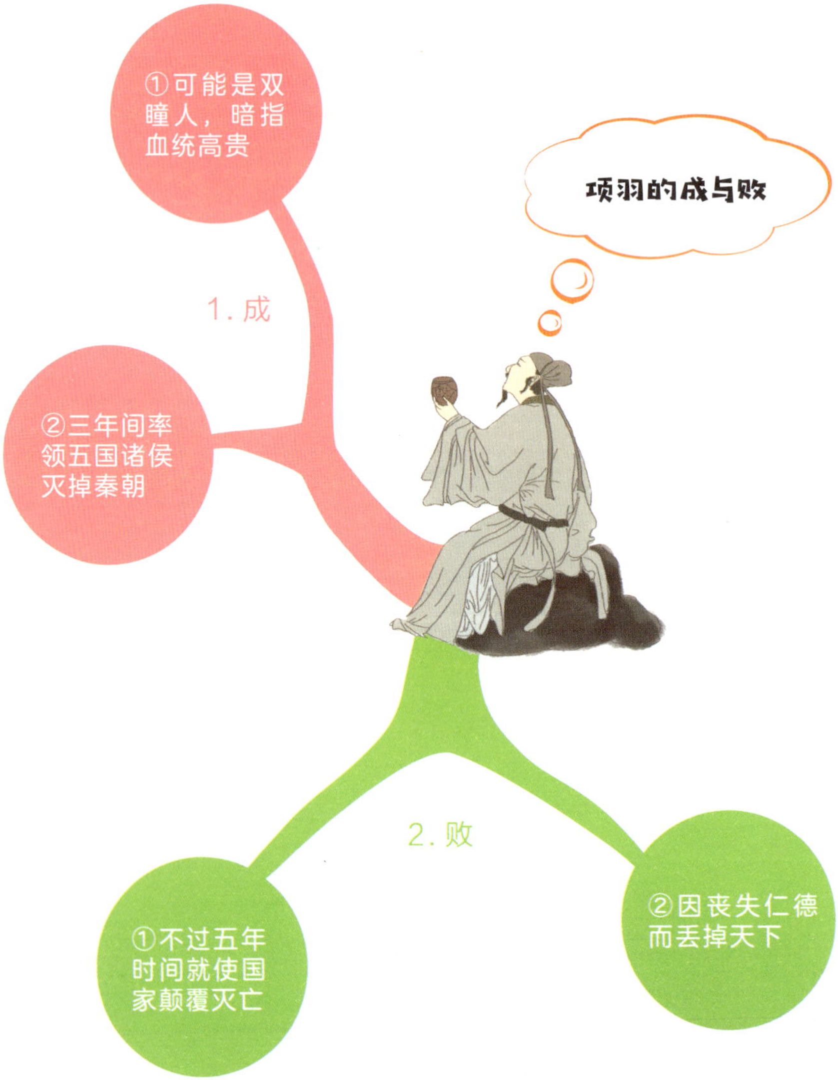

项羽的成与败
1. 成
①可能是双瞳人，暗指血统高贵
②三年间率领五国诸侯灭掉秦朝
2. 败
①不过五年时间就使国家颠覆灭亡
②因丧失仁德而丢掉天下

孔子世家赞

太史公说:《诗经》中有这样的话:“高高的山岳，为人所瞻(zhān)仰；宽广的大道，人们沿着它前进。”虽然我无法到达那种境界，可是内心却一直向往着。每当我读着孔子的著作，脑子里便推想着他是怎样一个人。我到过鲁国的故地，参观过孔子的庙堂、车驾、衣服和礼器；儒生们现在还是按时在孔子的家庙中演习礼仪，我徘徊流连，久久不能离去。天下的君王乃至贤人可谓是很多了，但他们大都是在世的时候兴盛一时，死后就湮(yān)没无闻了。孔子虽然是布衣之士，但他的学说已经流传了十几代，读书人都尊崇他。自天子、王侯起，中国讲说六艺的人都以孔子的学说为标准，孔子真可以说是至高无上的圣人啊！

原文欣赏

太史公曰:《诗》有之:“高山仰止，景行(háng)①行(xíng)止。”虽不能至，然心乡(xiàng)②往之。余读孔氏书，想见其为人。适③鲁，观仲尼庙堂、车服、礼器；诸生以时习礼其家，余低回留之，不能去云。天下君王至于贤人众矣，当时则荣，没则已焉。孔子布衣，传十余世，学者宗之。自天子王侯，中国言六艺④者折中⑤于夫子，可谓至圣矣！

注释

①景行：宽广的大道。②乡：同“向”，倾向，向往。③适：到。④六艺：即《诗》《书》《礼》《乐》《易》《春秋》。⑤折中：取正，调节，使之适中。

思维导图

写作技巧

虚实结合
1. 虚
①开篇引用《诗经》的句子
②抒发作者对孔子的无限敬仰之情
2. 实
①中间部分叙写在孔子故居的所见所感
②结尾部分赞誉孔子是“至圣”

管晏列传

管仲名叫夷吾，颍(yǐng)上人。少年的时候，他常和鲍叔牙交游，鲍叔牙知道管仲贤良。管仲家境贫困，常常占鲍叔牙的便宜，鲍叔牙却始终大方厚道地待他，从不提起这类事。后来鲍叔牙去侍奉齐国公子小白，管仲则去侍奉了齐国的公子纠。等到小白即位为齐桓公，公子纠被杀死，管仲则成了阶下囚。鲍叔牙于是向齐桓公推荐了管仲。管仲得到齐桓公的重用以后，在齐国执政，齐桓公因为他的辅佐而称霸诸侯，曾经九次召集诸侯会盟，匡正天下的秩序，这些都是管仲的谋略啊。

管仲说："我当初贫困的时候，曾经和鲍叔牙一起经商，分财取利时总是多分给自己，鲍叔牙却不认为我贪婪，他是知道我家境贫困啊。我曾经为鲍叔牙出谋划策，反而弄得他更加穷困，鲍叔牙却不认为我愚蠢，他是知道时机有有利与不利之分啊。我曾经三次入仕，三次都被君王驱逐，鲍叔牙却不认为我不成器，他是知道我没有赶上好的时机啊。我曾经三次作战，三次都当了逃兵，鲍叔牙却不认为我是懦夫，他是知道我有年迈的老母啊。公子纠失败以后，召忽为他自杀，我则被囚禁，蒙受耻辱，鲍叔牙却不认为我没有廉耻之心，他是知道我不会因为没有坚守小的节操而感到羞耻，而是以功名不能显扬天下为耻辱啊。生我的人是父母，懂得我的人是鲍叔牙啊。”

鲍叔牙既已举荐了管仲，自己甘愿位处管仲之下。他的子孙终生都享有齐国的俸禄、封邑的就有十多代，并且常常是很有名望的大夫。天下人不称赞管仲的贤能，却常常称赞鲍叔牙能够知人。

管仲既已执政做了齐相，就凭着齐国这个在东海之滨的小小国家，流通货物，积累财富，开始了他的富国强兵之路。他与百姓们同爱好、同憎恶，所以他说：“粮仓充实了，老百姓才能懂得礼节；衣食丰足了，老百姓才能懂得荣辱；君王能以身作则地遵守法度，内外亲戚才能团结无异心。”“礼、义、廉、耻不能彰明，国家就要灭亡。”“颁布政令要像流水的源头，要让它顺应民心。”所以管仲的主张简单而易于推行。百姓所需要的东西，就爽快地给予他们；百姓不需要的东西，就顺应民意而舍弃。管仲为政，最善于把祸害转变为福事，把失败转化为成功。他非常重视事情的轻重缓急，谨慎地权衡各方面的利害得失。齐桓公实际上是怨恨蔡国改嫁了他的夫人少姬，于是南下袭击蔡国，管仲却趁这个机会征讨楚国，责备楚国不向周天子进贡包茅。齐桓公实际上是想北伐山戎，而管仲趁这个机会要求燕国恢复召公的政令。在柯地的盟会上，齐桓公想要背弃和曹沫订下的归还所占鲁国土地的盟约，管仲却趁这个机会树立信用而履行它，诸侯因此归服齐国。所以说：“认识到给予就是索取，这是治理国政的法宝啊。”

管仲的富有可以和公室相比，有三归高台，有反坫(diàn)，但齐国人不认为他奢侈。管仲死后，齐国还照旧遵行他的政令，常比其他诸侯都强大。在管仲去世一百多年后，齐国又有了晏子。

晏平仲，名婴，莱地夷维人。他辅佐过齐灵公、齐庄公、齐景公三朝，凭借节俭朴素和果断干练的办事作风而被齐国人尊崇。他担任了齐国相国之后，吃饭没有两样肉菜，姬妾不穿绸缎。他在朝廷上的时候，齐君只要有话问到他，他就会非常严肃郑重地回答；如果没问他什么，他就严肃认真地履行自己的职责。国君治理有方、为政清明的时候，他就照着国君的命令办事；国君治理无方、为政昏乱的时候，他就衡量国君的命令是否恰当，然后才决定是否去履行。因此，他连续三朝都名扬于诸侯。

越石父很贤明，却被囚禁了。晏子外出，在路上遇到他，晏子就解下车子左边的马把他赎了出来，用车子载着他一同回

到府里。晏子没有向越石父告辞，就进入了内室，许久不出来。越石父见此情形，便请求绝交。晏子听了十分吃惊，他整理衣冠，出来向越石父道歉说："晏婴虽然不仁德，但毕竟把你从危难中解救了出来，为什么您这么快就要同我绝交呢？"越石父说："你这样说不对，我听说君子在不了解自己的人那里遭受委屈，而为了解自己的人所信任亲近。当我被囚禁的时候，那些人是不了解我的。您既然明白我的为人，把我赎了出来，那就是知己了；既然在知己面前得不到礼遇，那我实在是不如仍旧被绳子捆着的好。"晏子于是请他入相府并把他待为上宾。

晏子做齐国相国的时候，一次出门，车夫的妻子从门缝里偷看丈夫。她的丈夫正在为相国驾车，坐在大大的伞盖之下，赶着四匹马，意气扬扬，甚是自得。等车夫回来以后，他的妻子要求离开他。丈夫问她缘故，妻子说："晏子身高不足六尺，却身为齐国的相国，名扬于诸侯。今天我看他出门时，思虑深远，还时常露出甘居人下的谦逊表情。如今你身高八尺，只是一个给人家赶车的，但看你流露出的心意却自以为满足，我因此要求离开你。"从此以后，她的丈夫就常常注意自我克制、自我贬损。晏子奇怪车夫的变化，就问他原因，车夫将实情告诉了他，晏子便荐举他做了大夫。

太史公说：我读了管子的《牧民》《山高》《乘马》《轻重》《九府》以及《晏子春秋》等著作，其中的叙述可谓是非常详尽的了。我既已看过他们所著的书，就想知道他们日常是如何行事的，所以编写了他们的传记。至于他们的著作，世上有很多，因此不去论述，只论述他们的轶事。

管仲，是世人所说的贤臣，但是孔子却小看他。难道是因为周王朝已然衰落，齐桓公既然贤能，管仲却不勉励他去谋求王道，而只是帮他成为霸主的缘故吗？古语说："顺应君王的美德，匡正君王的过错，君臣上下就能相互亲睦了。"这难道不正是在说管仲吗？晏子伏在庄公尸体上大哭，尽了君臣之礼后才离开，这难道是古语所说的"见义不为，就是没有勇气"的人吗？至于他平时的劝谏进言，时常冒犯君主的威严，这不正是"在朝廷之上想着竭尽忠心，退朝后想着补救缺失"的人吗？假如晏子现在还活着，就算为他执鞭赶车，也是我所喜欢和向往的。

原文欣赏

管仲夷吾者，颍上人也。少时常与鲍叔牙[1]游，鲍叔知其贤。管仲贫困，常欺鲍叔，鲍叔终善遇之，不以为言。已而鲍叔事齐公子小白[2]，管仲事公子纠[3]。及小白立为桓公，公子纠死，管仲囚焉。鲍叔牙遂进管仲。管仲既用，任政于齐，齐桓公以霸，九合诸侯，一匡天下，管仲之谋也。

管仲曰："吾始困时，尝与鲍叔贾，分财利多自与，鲍叔不以我为贪，知我贫也。吾尝为鲍叔谋事而更穷困，鲍叔不以我为愚，知时有利不利也。吾尝三仕三见逐于君，鲍叔不以我为不肖，知我不遭时也。吾尝三战三走，鲍叔不以我为怯，知我有老母也。公子纠败，召忽死之，吾幽囚受辱，鲍叔不以我为无耻，知我不羞小节而耻功名不显于天下也。生我者父母，知我者鲍子也。"

鲍叔牙既进管仲，以身下之。子孙世禄于齐，有封邑者十余世，常为名大夫。天下不多管仲之贤而多鲍叔能知人也。

管仲既任政相齐，以区区之齐在海滨，通货积财，富国强兵，与俗同好恶。故其称曰："仓廪实而知礼节，衣食足而知荣辱，上服度则六亲固。""四维[4]不张，国乃灭亡。""下令如流水之源，令顺民心。"故论卑而易行，俗之所欲，因而予之，俗之所否，因而去之。其为政也，善因祸而为福，转败而为功。贵轻重，慎权衡。桓公实怒少姬，南袭蔡，管仲因而伐楚，责包茅不入贡于周室。桓公实北征山戎，而管仲因而令燕修召公之政。于柯之会，桓公欲背曹沫之约[5]，管仲因而信之，诸侯由是归齐。故曰：“知与之为取，政之宝也。”

管仲富拟于公室，有三归、反坫，齐人不以为侈。管仲卒，齐国遵其政，常强于诸侯。后百余年而有晏子焉。

晏平仲婴者，莱之夷维人也[6]。事齐灵公、庄公、景公，以节俭力行重于齐。既相齐，食不重肉，妾不衣帛。其在朝，君语及之，即危言；语不及之，即危行。国有道，即顺命；无道，即衡命。以此三世显名于诸侯。

越石父[7]贤，在缧绁(léi xiè)[8]中。晏子出，遭之途，解左骖(cān)赎之，载归。弗谢，入闺，久之。越石父请绝，晏子戄(jué)然[9]，摄衣冠谢曰：“婴虽不仁，免子于厄，何子求绝之速也？”石父曰：“不然，吾闻君子诎(qū)[10]于不知己而信于知己者。方吾在缧绁中，彼不知我也。夫子既已感寤而赎我，是知己；知己而无礼，固不如在缧绁之中。”晏子于是延入为上客。

晏子为齐相，出，其御之妻从门间而窥其夫。其夫为相御，拥大盖，策驷马，意气扬扬，甚自得也。既而归，其妻请去。夫问其故，妻曰：“晏子长不满六尺，身相齐国，名显诸侯。今者妾观其出，志念深矣，常有以自下者。今子长八尺，乃为人仆御。然子之意自以为足，妾是以求去也。”其后夫自抑损。晏子怪而问之，御以实对。晏子荐以为大夫。

太史公曰：吾读管氏《牧民》《山高》《乘马》《轻重》《九府》及《晏子春秋》，详哉其言之也。既见其著书，欲观其行事，故次其传。至其书，世多有之，是以不论，论其轶事。

管仲世所谓贤臣，然孔子小之。岂以为周道衰微，桓公既贤，而不勉之至王，乃称霸哉？语曰：“将顺其美，

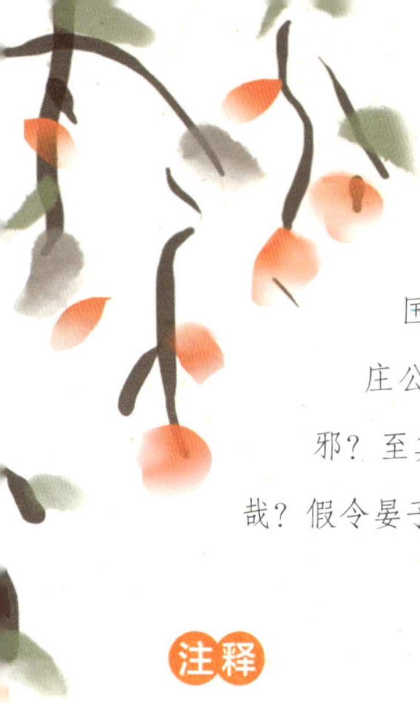

匡救其恶，故上下能相亲也。”岂管仲之谓乎？方晏子伏庄公尸哭之，成礼然后去，岂所谓“见义不为，无勇”者邪？至其谏说，犯君之颜，此所谓“进思尽忠，退思补过”者哉？假令晏子而在，余虽为之执鞭，所忻（xīn）慕焉。

注释

① 鲍叔牙：春秋时齐大夫，以知人著称。② 公子小白：齐桓公。③ 公子纠：齐襄公之弟。曾与公子小白争夺君位，最后失败。④ 四维：古代指礼、义、廉、耻四种道德准则。⑤ 曹沫之约：齐桓公与鲁庄公会盟于柯。其时齐军已大败鲁军，但在会盟上桓公被鲁国武士曹沫以匕首相逼，不得已，只好答应归还已经侵占的鲁国土地。⑥ 莱：古国名。夷维：今山东高密。⑦ 越石父：齐国的贤人。⑧ 缧绁：拘系犯人的绳索，此指囚禁。⑨ 戄然：惊异的样子。⑩ 诎：同“屈”。

思维导图

写作技巧

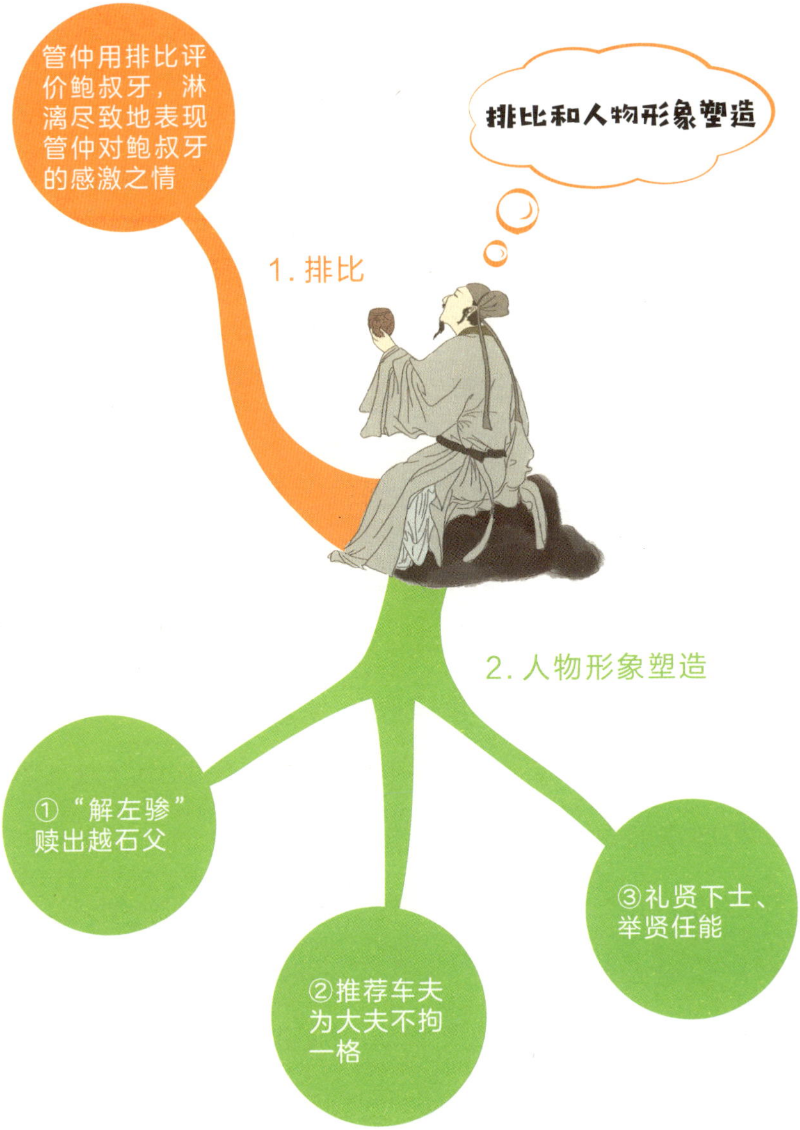

排比和人物形象塑造
1. 排比
管仲用排比评价鲍叔牙，淋漓尽致地表现管仲对鲍叔牙的感激之情
2. 人物形象塑造
①“解左骖”赎出越石父
②推荐车夫为大夫不拘一格
③礼贤下士、举贤任能

滑稽列传

孔子说："六艺对于治理国家，作用是一样的。《礼》是用来约束人们行为的，《乐》是用来发扬和气的，《尚书》是记载政事的，《诗经》是用来表达心意的，《易》是用来表现事物之间微妙变化的，《春秋》是用来说明伦理道义的。"太史公说：天道恢宏，难道不是伟大的吗？谈笑之中暗含道理，也是可以解除纷乱的。

有个名叫淳于髡(kūn)的人，他是齐国的上门女婿，身高不过七尺，却诙谐幽默，能言善辩。他曾多次出使诸侯国，从未有过屈辱的经历。齐威王即位之初，爱好说隐语，喜欢恣(zì)意享乐，常常通宵达旦地饮酒作乐，并且已是沉湎(miǎn)其中，根本不过问朝政，把政务托给卿大夫们处理。于是造成了百官懈怠、政治混乱的局面。诸侯各国纷纷入侵齐国。齐国已经处在危亡之际，国家倾覆近在眼前，左右大臣都不敢劝谏。这时，淳于髡用隐语劝谏齐威王说："京城之中有只大鸟，停在大王的庭堂之上。三年不曾飞翔，也不曾鸣叫。君王知道这是什么鸟吗？"威王回答说："此鸟不飞则已，一飞便要冲入云霄；不鸣则已，一鸣就要惊动世人。"于是齐王便召集各县长官共七十二人前来觐见，赏了一人，杀了一人，随后统兵奋力出击。诸侯为之震惊，纷纷将侵占的土地退还给了齐国。齐威王从此威震天下三十六年。此事记载在《田完世家》当中。

齐威王八年（前394），楚国派大军攻齐。威王派淳于髡携带一百斤黄金和四匹马拉的车十辆到赵国请求救兵。淳于髡仰天大笑，把帽子上的缨带都笑断了。威王问："先生是不是嫌礼物少呢？"淳于髡回答说："我怎么敢？"威王说："先生发笑，是有什么要说的吗？"淳于髡回答："我今天从东边过来的时候，看到路边有个祭土地乞求丰收的人。他拿着一只猪蹄、一杯酒，向上天祷告说：'让狭小的高地上能够长满庄稼，谷物装满笼箱；让低洼的水田能够丰收，谷物装满大车；让五谷丰登，堆满我家的粮仓。'我见他用来奉献的祭品太少，而想要的又太多，所以笑他。"于是齐威王就将礼物增加到黄金二万两、白玉璧十双、四匹马拉的车百辆，淳于髡这才告别威王出使赵国。赵王给了他精兵十万，战车千乘。楚军听说此事，连夜撤军了。

齐威王十分高兴，在后宫摆上酒席，召见淳于髡，请他喝酒。席间威王问："先生喝多少酒才能醉倒？"淳于髡回答说："我喝一斗也会醉，喝一石（dàn）也会醉。"威王说："您喝一斗就醉了，怎么可能喝到一石呢？这中间有什么说法可以让我听听吗？"

淳于髡回答说："在大王面前喝您所赏赐的酒，旁边有执行酒令的令官，后面有监察的御史，我十分恐惧，低着头伏在地上饮酒，喝不了一斗就醉了。如果父亲有尊贵的客人到来，我卷起袖子，屈身下跪，在前面侍奉着，他们不时地把剩下的酒赐给我喝，我还要多次地端起酒杯起身为客人和父亲祝福。像这样饮酒，不过二斗我也就醉了。若是与久别的老友突然重逢，一起愉快地回忆往事，互相倾诉衷肠，这样喝到五六斗也就醉了。如果乡里举行集会，男女混杂坐在一起，慢慢地行酒，同时进行下棋与投壶的比赛；互相招呼，结伴搭伙，男女之间握握手也不会受到责罚，眼睛可以随意地注视别人，前面席上有掉在地上的珠玉耳饰，后面席上有遗落的发簪，我暗自喜欢这样的宴集，酒喝到八斗才有两三分醉意。待到太阳落山，酒也快喝完了的时候，人们把剩下的酒并在一起，促膝而坐，男女同席，鞋子满地横竖交错，杯盘纵横散乱交叠，堂上的蜡烛快要燃尽了；主人留下了我，送走了客人，那陪酒的女子，解开罗衫的衣襟，我微微闻到芳香的气息。这时我最高兴，那就能够饮到一石了。所以说：'饮酒过度就会发生昏乱，欢乐过度就会导致悲哀。'万事都是如此，说的是什么都不可以过度，过度了就会向衰落转化。"淳于髡用这些话来讽谏齐威王。威王说："真是好极了！"于是，他便停止了通宵达旦的宴饮，并且任命淳于髡为接待诸侯的主客。每逢齐国王室设宴饮酒的时候都会请淳于髡作陪。

原文欣赏

孔子曰："六艺于治一也。《礼》以节人，《乐》以发和，《书》以导事，《诗》以达意，《易》以神化，《春秋》以道义。"太史公曰：天道恢恢，岂不大哉！谈言微中，亦可以解纷。

淳于髡者，齐之赘（zhuì）婿也，长不满七尺，滑（gǔ）稽[1]多辩，数使诸侯，未尝屈辱。齐威王之时，喜隐，好为淫乐长夜之饮，沉湎[2]不治，委政卿大夫。百官荒乱，诸侯并侵，国且危亡，在于旦暮，左右莫敢谏。淳于髡说之以隐曰："国中有大鸟，止王之庭，三年不蜚[3]又不鸣，王知此鸟何也？"王曰："此鸟不蜚则已，一蜚冲天；不鸣则已，一鸣惊人。"于是乃朝诸县令长七十二人，赏一人，诛一人，奋兵而出。诸侯振惊，皆还齐侵地。威行三十六年。语在《田完世家》中。

威王八年，楚大发兵加齐。齐王使淳于髡之赵请救兵，赍金百斤，车马十驷。淳于髡仰天大笑，冠缨索绝。王曰："先生少之乎？"髡曰："何敢！"王曰："笑岂有说乎？"髡曰："今者臣从东方来，见道旁有禳（rǎng）田[4]者，操一豚蹄、酒一盂，而祝曰：'瓯窭（ōu lóu）满篝（gōu）[5]，污邪（yé）[6]满车，五谷蕃熟，穰穰满家。'臣见其所持者狭而所欲者奢，故笑之。"于是齐威王乃益赍黄金千镒（yì），白璧十双，车马百驷，髡辞而行，至赵。赵王与之精兵十万、革车千乘。楚闻之，夜引兵而去。

威王大说，置酒后宫，召髡赐之酒。问曰："先生能饮几何而醉？"

对曰："臣饮一斗亦醉，一石亦醉。"威王曰："先生饮一斗而醉，恶能饮一石哉！其说可得闻乎？"髡曰："赐酒大王之前，执法在傍，御史在后，髡恐惧俯伏而饮，不过一斗径醉矣。若亲有严客，髡帣韝鞠跽(juǎn gōu jū jì)，侍酒于前，时赐余沥，奉觞上寿，数起，饮不过二斗径醉矣。若朋友交游，久不相见，卒然相睹，欢然道故，私情相语，饮可五六斗径醉矣。若乃州闾之会，男女杂坐，行酒稽留⑦。六博投壶，相引为曹⑧，握手无罚，目眙(chì)⑨不禁，前有堕珥(ěr)，后有遗簪，髡窃乐此，饮可八斗而醉二参(sān)⑩。日暮酒阑⑪，合尊促坐，男女同席，履舄(xì)交错，杯盘狼藉，堂上烛灭，主人留髡而送客，罗襦(rú)⑫襟解，微闻芗(xiāng)泽⑬，当此之时，髡心最欢，能饮一石。故曰：酒极则乱，乐极则悲，万事尽然，言不可极，极之而衰。"以讽谏焉。齐王曰："善！"乃罢长夜之饮，以髡为诸侯主客。宗室置酒，髡尝在侧。

注释

①滑稽：能言善辩，幽默诙谐。②沉湎：沉溺(nì)。③蜚：同"飞"。④穰田：向神祈求庄稼丰收。⑤瓯窭：狭小的高地。篝：竹笼。⑥污邪：地势低下的土地。⑦稽留：迁延。⑧曹：辈。⑨眙：直视。⑩参：同"三"。⑪酒阑：宴饮将散。⑫襦：短衣。⑬芗泽：香气。

思维导图

写作技巧

淳于髡用隐语讽谏齐威王
1.“国中有大鸟，止王之庭，三年不蜚又不鸣”
①以大鸟比喻齐王
②规劝齐威王要有所作为
2.“臣见其所持者狭而所欲者奢，故笑之”
①以拿着微薄的祭品乞求土地丰收为喻
②暗示齐威王所给的聘礼少
3.“臣饮一斗亦醉，一石亦醉”
①此话看似矛盾
②实际在讽谏齐威王不要贪杯

货殖列传序

《老子》上说："到了治理的最高境界，邻国的百姓互相望得见，鸡鸣狗吠(fèi)的声音也彼此听得到，老百姓都认为自己的饮食甘美，自己的服装漂亮，习惯于本地的风俗，乐于从事自己的职业，人与人之间老死不相往来。"到了近世，如果还按照老子所说的去做，等于封闭百姓的耳目，就基本上行不通。

太史公说：神农氏以前的社会状况，我不了解。至于像《诗经》《尚书》里所讲述的：自虞、夏以来，人们总是极力地使自己的耳目享受声色的美好，使自己能够尝遍各种牲畜肉类的味道，让自己的身体感到安逸舒适，而内心夸耀有权势、有才干的光荣。这样的风气深入民心的时间已经很久了，即使再挨家挨户地去讲解《老子》上面所说的高妙理论，也终究是不能改变的了。所以最好的办法就是顺从民意，其次就是用利益来加以引导，再其次是进行教诲，最次则是与民争利。

太行山以西盛产木材、竹子、楮(chǔ)树、野麻、旄(máo)牛尾和玉石，太行山以东则盛产鱼、盐、漆、丝和声色，江南出产楠树、梓

树、姜、桂、金、锡、铅矿、丹砂、犀牛角、玳瑁(dài mào)、珠玑(jī)、兽牙、皮革，龙门山、碣(jié)石山以北则多产马、牛、羊、毛毡、毛皮、兽筋、兽角，出产铜铁的山往往是遍及千里之内，星罗棋布，为数众多。这是物产分布的大略情况。所有这些，都是中原人民所喜欢的，是老百姓穿衣吃饭、养生送死所需要的东西。所以，人们要靠农民耕作来供给食物，靠管山林川泽的人开发物产，靠工匠将材料制成器物，靠商人来流通货物。这难道还需要用政令教化去调动人民这样做，告诉他们什么时候该做什么吗？人们各自发挥自己的才能，竭尽自己的力量，为的是得到自己想要得到的东西。所以，卖东西，到物价贵的地方去；买东西，到物价贱的地方去。人们各自努力而快乐地致力于他们的本业，就像水向低处流，日日夜夜没有休止的时候一样。人不用召唤就自己到来，东西不用寻求而人民就将它们生产出来，这难道不是符合了规律而且得到自然发展验证的吗？

《周书》上说：“农民不种田，吃的东西就会缺乏；工匠不生产，用的东西就会短缺；商人不做买卖，吃用钱物就都会断绝；虞人不开发山泽，财源就会减少。”财源缺少了，山泽也就相应地得不到开发。这四个方面，是老百姓衣食的来源。来源广大就会富饶，来源窄小就会贫乏。来源大了，上可以富国，下可以富家。贫富的道理，没有谁能够夺走或赐予，而机敏的人总是有余，笨拙的人总是不足。所以，姜太公被分封在营丘，那里的土地是盐碱地，人口稀少，于是姜太公就鼓励妇女纺织，极力提倡工艺技巧的提高和推广，并且促进鱼盐等货物的运输和流通。这样，其他地方的人和物纷纷到了齐国，就像钱串一样络绎不绝，像车的辐条会聚到车轴上一样聚集到这里。所以，齐国的冠带衣履传遍天下，从沿海到泰山之间的诸侯都整理衣袖来朝拜齐国。后来齐国一度衰落，管仲又将太公的遗业重新振兴了起来，设立了轻重九府来管理财政，齐桓公因此得以称霸，多次会盟诸侯，使天下的秩序得到了匡正。管仲自己也建筑了三归台，虽然他的地位只不过是大夫，但却比诸侯国君还要富裕。从此，齐国的富强，一直持续到齐威王、齐宣王时期。

所以说：“粮仓充实了，百姓就会懂得礼仪；衣食充足了，百姓就会知道荣辱。”礼节产生于富有而废于贫穷。所以君子富有了，就愿意去做符合道德仁义的事情；小人富有了，就会将自己的力量用在适当的地方。水潭深了，才会有鱼儿生长；山林深了，才会有野兽前往安家；人富有了，仁义也就自然而然地到了他的身上。富有的人得到权势就更加显赫；失势的人连做客都没处可去，因而心情不快。谚语说：“千金之家的子弟不会因犯法而在街市上被处死。”这不是空话，所以说：“天下熙熙攘攘的人群，都是为利而来，为利而往。”拥有兵车千乘的君王，拥有封户万家的公侯，拥有食邑百户的大夫尚且担心贫穷，何况编在户口册子上的普通百姓呢！

原文欣赏

《老子》曰：“至治之极，邻国相望，鸡狗之声相闻，民各甘其食，美其服，安其俗，乐其业，至老死不相往来。”必用此为务，𫐐(wǎn)[1]近世涂民耳目，则几无行矣。

太史公曰：夫神农以前，吾不知已。至若《诗》《书》所述虞、夏以来，耳目欲极声色之好，口欲穷刍豢(chú huàn)[2]之味，身安逸乐，而心夸矜势能之荣，使俗之渐[3]民久矣，虽户说以眇(miào)[4]论，终不能化。故善者因之，其次利道之，其次教诲之，其次整齐之，最下者与之争。

夫山西饶材、竹、穀(gǔ)、𬙊(lú)、旄、玉石，山东多鱼、盐、漆、丝、声色，江南出楠、梓、姜、桂、金、锡、连、丹沙、犀、玳瑁、珠玑、齿、革，龙门、碣石北多马、牛、羊、旃(zhān)、裘、筋、角，铜、铁则千里往往山出棋置。此其大较[5]也。皆中国人民所喜好，谣俗被服饮食、奉生送死之具也。故待农而食之，虞而出之，工而成之，商而通之。此宁有政教发征期会哉？人各任其能，竭其力，以得所欲。故物贱之征[6]贵，贵之征贱，各劝其业，乐其事，若水之趋下，日夜无休时，不召而自来，不求而民出之。岂非道之所符而自然之验邪？

《周书》曰：“农不出则乏其食，工不出则乏其事，商不出则三宝[7]绝，虞不出则财匮(kuì)少[8]。”财匮少而山泽不辟矣。此四者，民所衣食之原也。原大则饶，原小则鲜。上则富国，下则富家。贫富之道，莫之夺予，而巧者有余，拙者不足。故太公望封于营丘，地潟(xì)卤，人民寡，于是太公劝其女功，极技巧，通鱼盐，则人物归之，镪(qiǎng)至而辐凑⑨。故齐冠带衣履天下，海岱⑩之间敛袂而往朝焉。其后齐中衰，管子⑪修之，设轻重九府，则桓公以霸，九合诸侯，一匡天下，而管氏亦有三归，位在陪臣，富于列国之君。是以齐富强至于威、宣⑫也。

故曰："仓廪实而知礼节，衣食足而知荣辱。"礼生于有而废于无。故君子富，好行其德，小人富，以适其力。渊深而鱼生之，山深而兽往之，人富而仁义附焉。富者得势益彰，失势则客无所之，以而不乐。谚曰："千金之子，不死于市。"此非空言也。故曰："天下熙熙⑬，皆为利来；天下壤壤⑭，皆为利往。"夫千乘之主、万家之侯、百室之君尚犹患贫⑮，而况匹夫编户之民乎！

注释

①𫄧：同"晚"。②刍豢：泛指各种牲畜的肉。③渐：沾染。④眇：同"妙"，精微，奥妙。⑤大较：大略。⑥征：寻求。⑦三宝：指粮食、器物、财富。⑧虞：掌管山林水泽的官员。匮：缺乏。⑨镪：用绳索穿好的钱串。辐：车轮的辐条。⑩岱：泰山。⑪管子：即管仲，字夷吾，春秋时齐相。⑫威：指齐威王。宣：指齐宣王。⑬熙熙：形容拥挤、热闹的样子。⑭壤：同"攘"。⑮千乘之主：指天子。万家之侯：指诸侯。

思维导图

写作技巧

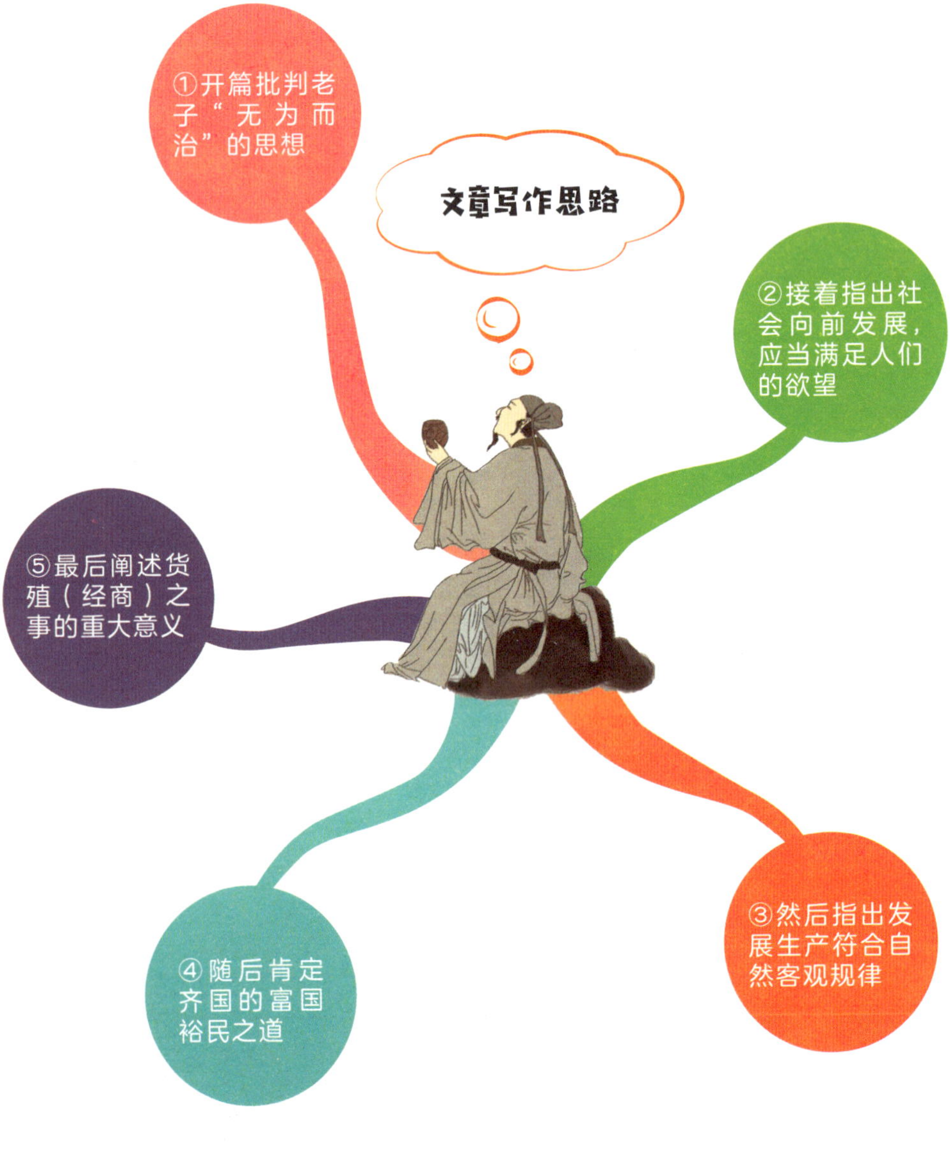
文章写作思路
①开篇批判老子“无为而治”的思想
②接着指出社会向前发展，应当满足人们的欲望
③然后指出发展生产符合自然客观规律
④随后肯定齐国的富国裕民之道
⑤最后阐述货殖（经商）之事的重大意义

报任安书

太史公，像牛马一样奔走的人，今天再拜陈言，少卿（任安，字少卿）足下：先前承蒙您屈尊写信给我，教我待人接物要谨诚持重，担负起向朝廷举荐人才的重任。信中言语恳切，情意诚挚。好像是抱怨我没能遵从您的意见行事，反而听信了世俗之人的话。我是不敢这样的。我虽然才能低劣，为人愚钝，但也还曾听说过德高望重的长者的遗风，只是我认为自己的身体已经残废，处境又如此尴尬可耻，稍有举动就会遭人埋怨责难，想要做些有益的事情，招来的却是损害。因此独自忧愁烦闷，但又能向谁诉说？谚语中说："为谁去做？让谁来听？"钟子期死了，伯牙终身不再抚琴。为什么呢？因为士人为了解自己的人去效力，女子为喜欢自己的人去打扮。像我这样已然是不完整的人，即使才能像随侯珠、和氏璧那样可贵，品行像许由、伯夷那样高洁，终究不能引以为荣，反而恰好会被别人耻笑而且是自取其辱。您的信我本该及时答复的，但我刚好随从皇帝东巡回来，又为烦琐的事务所逼迫，彼此能相见的日子很少，而我又匆匆忙忙，找不出片刻的时间向您倾吐自己的心怀。如今您遭遇无法捽知的罪名，再过一个月就接近十二月了，我随从皇帝去雍地的日期也迫近了。我怕转眼之间您就会遭到不幸，这样我将终究不能够向您抒发满腔的悲愤，使您辞世的灵魂抱有无穷的怨恨。于是我请求向您大略地说说我的鄙陋之见。隔了很长时间没有给您回信，希望您不要见怪。

我听说，善于修身，是智慧的象征；乐于施舍，是仁德的开端；索取与给予得当，是遵守道义的表现；懂得耻辱，是决定一个人是否勇敢的前提；好名声的树立，是品行达到极高标

准时自然而然的结果。士人有了这五条之后，就可以在社会上立足，排列在君子的行列之中了。所以，灾祸没有比因为贪图小利而招致的更为悲惨的了，悲痛没有比心灵受到伤害更为痛苦的了，行为没有比使祖先受辱更为丑恶的了，侮辱没有比受宫刑更为严重的了。受过宫刑的人，地位是不能同任何人相提并论的，这不是一朝一代的事，而是由来已久了。从前卫灵公同宦官雍渠同乘一辆车，孔子感到耻辱，便离开卫国到了陈国；商鞅通过景监见到秦孝公，赵良因而感到寒心；太监赵谈陪坐在汉文帝的车上，袁盎见了脸色骤变；自古以来人们就看不起这种人。就是一般人，遇到了有关宦官的事，没有不认为情绪受到伤害、感到羞辱的，何况是抱负远大的慷慨之士呢！如今朝廷虽然缺乏人才，又怎么会让残缺不全的人来推荐天下的豪杰俊才呢？我依赖着父亲留下的事业，得以在天子驾下任职，到现在已经有二十多年了。平日里自己常想，对待主上，没能竭尽忠信，建立策略卓越、能力突出的声誉，从而得到圣明主上的信任赏识；其次，又不能替主上拾遗补阙（quē），招贤进能，发现有才德的隐士；在外不能充于军队之中，参加攻城野战，取得斩将拔旗的功绩；对下不能靠着为官长久、劳苦功高而取得高官厚禄，让宗族和朋友们也跟着沾光得宠。这四项没有一项成功的，我也只能是苟且地上下迎合，以求容于朝廷之中，自己没有任何微小的贡献，您从这里也是看得出来的。过去我也曾跻身于下大夫的行列，侍奉于朝堂之上，发表些微不足道的议论，我没有利用这个时机伸张国家的法度，为国竭尽智谋；现在身体已残，和那些打扫庭院的太监没什么两样，处于地位卑贱的人中间，竟要抬头扬眉、陈说是非，这不是轻视朝廷、羞辱当世的君子吗？唉！唉！像我这样的人还能说什么呢！还能说什么呢！

况且，事情的前因后果不是容易明了的，我年轻时怀着自认为不可限量的才能，可长大成人以后却不能博得乡里的荐誉，幸赖主上念着我父亲的缘故，才使我能够为朝廷贡献一点儿微薄的才能，出入于宫禁之中。我认为头上戴着盆子怎么能望见天呢，所以我断绝了与宾朋的交往，把产业家务抛在一边，日夜想着竭尽我微薄的才能和力量，用所有的精力来尽忠职守，以求取得主上的亲近与信任，然而事情却与愿望大相违背，并不与我想象的一样。

我和李陵都在朝中任职，平素并没有很深的交情，所走的道路各不相同，不曾在一起饮过一杯酒来表示殷勤的情谊，但是，我观察他的为人，是个能自守节操的不俗之士。他侍奉双亲很是孝顺，同朋友交往很讲信用，在钱财面前表现得十分廉洁，索取或给予都是按照理义行事，能分别尊卑长幼并且谦让有礼，恭敬简朴并且平易近人，常常想着要奋不顾身地以死奔赴国难，他这些多年养成的为人行事的风格，我认为很符合国家栋梁之材的标准。作为臣子，能够提出万死不顾一生的计策，奔赴国家的危难，这已经是很出众的了！如今他行事一有不当，那些贪生怕死只知保全自己和家庭的大臣们，就跟着诬告夸大他的过失，我私下里对此感到痛心。况且李陵率领的步兵不满五千，却深入胡地，足迹到达了单于居住的地方，在老虎嘴边设下诱饵，毫无畏惧地向强悍的匈奴挑战，面对众多的敌人，与单于的军队连续激战了十几天，所杀的敌人超过自己军队的人数，匈奴救死扶伤都应接不暇。匈奴的君长们都震惊了，于是征调了左、右贤王，出动了所有能拉弓射箭的人，以全国的兵力展开进攻，并且包围了李陵的部队。李陵军转战千里，箭射完了，道路断绝了，而救兵却不见踪影，士兵死伤严重，尸体堆积如山，但是李陵一声号召，疲劳的士兵无不奋起，每个人都激动得涕泪横流，他们擦掉血迹，咽下眼泪，又拉开没有箭的空弓弩，冒着敌人的白刃奔向北方，去和敌人拼命。

李陵的军队没有覆没的时候，有使者送来捷报，朝廷上的公卿王侯都举着酒杯向主上祝贺。过了几天，李陵兵败的奏报传来，主上为此吃饭没有滋味，处理朝政时不悦之情挂在脸上，大臣们都担忧害怕，不知如何是好。我不自量地位的卑贱，看到主上悲痛忧伤，情绪低落，实在想献上自己诚恳的愚昧之见。我认为李陵平日里对部下恩遇有加，分利时总是照顾其他人，因而得到部下的拼死效力，即使是古代的名将也不能超过他。李陵虽然战败被俘，但观察他的心意，是想寻找适当的机会立功以报效汉朝。战事（发展到那种地步）已经是无可奈何了，但是李陵给敌人造成的损害，其功劳也足以向天下告白了。

我想把这些向主上陈说，却没有机会，适逢主上召见询问我，我就本着这个意思，着重论说了李陵的功绩，想要以此来宽解主上的心事，堵塞那些对李陵诋毁诬陷的言辞。我没能把想说的明白完全地表达出来，圣明的主上也没有完全理解我的心意，以为我诋毁贰师将军李广利而替李陵开脱，于是就把我交给大理寺问罪。我的拳拳忠心始终没有得到表白的机会，因而被定了诬上的罪名，最后主上听从了法吏的意见。我因为家境贫寒，钱财不足以赎罪；朋友们也没有前来营救探望的，主上身边的左右亲近也不替我说一句话。人身不是木石，我却独自和那些掌管刑法的官吏们打交道，深陷于牢狱之中，又能向谁去诉说呢！这些是你亲眼见到的，我的遭遇难道不是这样吗？李陵已经活着投降了，败坏了他家族的声誉，而我又被关在蚕室中蒙受耻辱，更加被天下人耻笑。可悲呀！可悲呀！这些事情是不容易对世俗之人说清楚的。

我的祖先，没有立下拜爵封侯的功勋，只是掌管文献、历史、天文和历法，职位接近卜官和巫祝，这种职务本是为了君主游戏取乐而设的，像乐师优伶那样被豢养，为世人所看轻。即使是让我伏法受诛，也如同九牛失去一毛一样，这与死去一只蝼蛄、蚂蚁有什么分别吗？而世俗的人又不能把我同坚持气节而死的人相提并论，只认为我是因为智尽才竭、罪恶极大，终于是不能自免被杀而已。这是什么缘故呢？这是平日自己所从事的职业和所处的地位造成的。人总有一死，有的人死得比泰山还重，有的人死得比鸿毛还轻，这是因为他们死的志向各不相同。作为一个士人，最好是不使祖先受辱，其次是不使自身受辱，再次是不使自己因别人的脸色而受辱，再次是不在言语辞令上受辱，再次是被捆绑而受辱，再次是换上犯人的狱服进监牢受辱，再次是戴刑具、被杖打而受辱，再次是剃毛发、戴铁圈而受辱，再次是毁坏肌肤、截断肢体而受辱，最下等的是腐刑，已经是污辱到了极点！书传上说："刑罚不用在大夫身上。”这是说士人的节操不可不加以勉励。猛虎在深山里，足以使百兽惊恐，一旦落进陷坑或笼子里，便摇着尾巴乞讨食物，这是由于人的威力和约束使它逐渐驯服。所以，士人有画地为牢而决不进入，削木为吏而绝不同它对答的说法，而是决计在受辱之前便自杀。如今捆绑了手脚，戴上了枷锁，袒露着身体，遭受着杖打，被幽禁在牢狱之中。当这时候，见到狱吏就趴在地上磕头，看见狱卒就胆战心惊。这是为什么呢？这就是被狱吏的威势逼迫而逐渐造成的状态，已经到了这种地步，却说自己没有受辱，就是常说的厚脸皮了，有什么值得尊重的呢？

况且，西伯是一方诸侯之长，曾被拘禁在羑(yǒu)里；李斯是丞相，受尽了五刑；淮阴侯韩信本是王，然而在陈地戴上了枷锁；彭越、张敖都是面南背北、称孤道寡的王侯，却被捕入狱抵罪；绛(jiàng)侯周勃，曾诛杀诸吕，权势超过春秋五霸，却被囚禁在请罪之室中；魏其侯窦婴是大将军，却穿上囚衣，戴上木枷、手铐和脚镣；季布卖身给朱家做戴枷的奴隶；灌夫在居室之中受辱。这些人都是身至王侯将相，声闻邻国，及至获罪落入法网，却不能自杀，而被囚禁在肮脏的监牢之中。这情景古今都一样，哪里有不受屈辱的呢？由此说来，勇怯强弱都是形势造成的。明白了这个道理，还有什么值得奇怪的呢？人不能早早自杀来逃脱法律的制裁，因而志气逐渐衰退，到了身受鞭杖的时候，才想为守气节而死，这不太迟了吗？古人对大夫施刑很慎重的原因，大概在于此吧。人的常情，没有不贪生怕死、顾念父母妻子儿女的。至于为公正义理所激发的人就不是这样，他们乃是有不得已之处。我很不幸，很早就失去了父母，没有可以相亲相爱的兄弟，一个人孤孤单单地活在这人世上，少卿你看我对妻子儿女怎么样呢？况且勇敢的人不是一定要为守节而死，怯懦的人如果仰慕节义，也往往能够勉励自己不怕牺牲。我虽然怯懦，想要苟且活在这世上，但也很懂得舍生取义的道理，何至于甘心陷入囚禁而受侮辱呢？况且奴隶婢妾还能够自杀，何况我已经到了不得已的地步呢？我之所以忍辱苟活，被囚禁在污秽的环境里而不肯死去的原因，是因为我怨恨心中想做的事尚未完成，如果就这样极不光彩地死去，我的文章著述便不能彰明于后世了。

古时候生前富贵而死后声名磨灭不传的人，多得数不胜数，唯有那些洒脱出众的人才能为后世所称道。周文王被拘禁在羑里时推演出了《周易》；孔子在陈、蔡受到困厄而著出了《春秋》；屈原遭到放逐，于是写出了《离骚》；左丘明双目失明，却写出了《国语》；孙膑被剜(wān)去膝盖骨后而编著兵法；吕不韦谪(zhé)居蜀地，《吕览》却为世所流传；韩非在秦国被捕下狱，在狱中写出了《说难》《孤愤》两篇；《诗》三百篇，大都是贤圣之人为抒发内心的愤懑(mèn)而作出来的。这些人都是心中有郁结之处，抱负难展，壮志难酬，所以才追述往事，想让后人得到借鉴。就像左丘明双目失明，孙子双腿被废，终生都不能得到重用，于是退隐著书立说以此抒发内心的愤懑，期望文章能流传后世，使自己的心意得以表白。我不自量力，近年来正凭借拙劣的文辞，网罗天下散失的旧闻逸事，从总体大略考订其事实，将事情的始末因果连贯起来，考察其成败兴衰的规律。上从黄帝时期开始，下至于今，写成表十篇、本纪十二篇、书八篇、世家三十篇、列传七十篇，共一百三十篇。也是想用来探究自然和人事之间的关系，通晓从古到今的变化，形成一家独立的见解。草创未完，恰逢这起灾祸。我痛惜全书没有完成，因此身受最重的刑罚而没有怨气。如果我真的完成了这部书，将它藏在名山之中，留给可传的人，传播在交通发达的大都邑，那么我就可以抵偿此前受的耻辱，即使被杀一万次，又有什么可后悔的呢！然而这些只可以向有智慧的人去说，很难对一般人讲。

而且背负着因罪受刑的坏名声在社会上不容易安身，身处下位又常受到诽谤、讥议。我因为说话而遭到这场灾祸，就更被乡里同人耻笑，使祖先遭受了玷污耻辱，我又有什么脸面再到父母的坟墓上去呢？即使过了百代，这耻辱也只会越来越深！因此，痛苦之情整天在肚肠之中百转千回，在家里的时候常常是恍恍惚惚，若有所失，出门常常不知要到何处去。每当想着这件耻辱的事情，汗便从后背上冒了出来，湿透了衣服。身体已成了宦官，岂能就此自我退隐到山林岩穴当中呢？所以暂且与世浮沉，与时俯仰，为的是在文章中抒发内心的悲愤和矛盾。如今少卿教我推贤进士，不是和我个人的想法相违背吗？现在即使我想用推贤进士的行动来雕饰自己，用美好的言辞来装饰自己，也是毫无补益，是不会取得世俗信任的，反而只会更加换来耻辱而已。总而言之，人死了之后是非才有定论。这封信不能详尽地表达我的心意，只是大略地陈说我粗浅鄙陋的意见罢了。谨再拜。

原文欣赏

太史公牛马走司马迁再拜言，少卿足下：曩(nǎng)[1]者辱赐书，教以慎于接物，推贤进士为务。意气勤勤恳恳，若望[2]仆不相师，而用流俗人之言。仆非敢如此也。仆虽罢(pí)驽[3]，亦尝侧闻长者之遗风矣。顾自以为身残处秽，动而见尤，欲益反损，是以独抑郁而谁与语。谚曰：“谁为为之？孰令听之？”盖钟子期死，伯牙终身不复鼓琴。何则？士为知己者用，女为说己者容。若仆大质[4]已亏缺矣，虽才怀随、和[5]，行若由、夷，终不可以为荣，适足以见笑而自点耳。书辞宜答，会东从上来，又迫贱事，相见日浅，卒(cù)[6]卒无须臾之间(xián)得竭志意。今少卿抱不测之罪，涉旬月，迫季冬，仆又薄从上雍，恐卒然不可为讳。是仆终已不得舒愤懑以晓左右，则长逝者魂魄私恨无穷。请略陈固陋。阙然久不报，幸勿为过。

仆闻之：修身者，智之符也；爱施者，仁之端也；取予者，义之表也；耻辱者，勇之决也；立名者，行之极也。士有此五者，然后可以托于世，而列于君子之林矣。故祸莫憯(cǎn)[7]于欲利，悲莫痛于伤心，行莫丑于辱先，诟莫大于宫刑[8]。刑余之人，无所比数，非一世也，所从来远矣。昔卫灵公与雍渠同载，孔子适陈；商鞅因景监见，赵良寒心；同子参乘，袁丝变色：自古而耻之。夫中材之人，事有关于宦竖，莫不伤气，而况于慷慨之士乎？如今朝庭虽乏人，奈何令刀锯之余荐天下之豪俊哉！仆赖先人绪业，得待罪辇毂(gǔ)下，二十余年矣。所以自惟，上之，不能纳忠效信，有奇策材力之誉，自结明主；次之，又不能拾遗补阙，招贤进能，显岩穴之士[9]；外之，不能备行伍，攻城野战，有斩将搴(qiān)旗之功；下之，不能积日累劳，取尊官厚禄，以为宗族交游光宠。四者无一遂，苟合取容，无所短长之效，可见于此矣。向者，仆亦常厕下大夫之列，陪奉外廷末议，不以此时引纲维、尽思虑，今已亏形为扫除之隶，在阘(tà)茸[10]之中，乃欲仰首伸眉，论列是非，不亦轻朝廷、羞当世之士邪？嗟乎！嗟乎！如仆尚何言哉！尚何言哉！

且事本末未易明也。仆少负不羁之才，长无乡曲之誉。主上幸以先人之故，使得奏薄伎[11]，出入周卫之中。仆以为戴盆何以望天，故绝宾客之知，亡室家之业，日夜思竭其不肖之才力，务一心营职，以求亲媚于主上，而事乃有大谬不然者。

夫仆与李陵俱居门下，素非能相善也，趋舍异路，未尝衔杯酒、接殷勤之余欢。然仆观其为人，自守奇士，事亲孝，与士信，临财廉，取与义，分别有让，恭俭下人，常思奋不顾身以殉国家之急。其素所蓄积也，仆以为有国士之风。夫人臣出万死不顾一生之计，赴公家之难，斯已奇矣。今举事一不当，而全躯保妻子之臣随而媒糵(niè)[12]其短，仆诚私心痛之。且李陵提步卒不满五千，深践戎马之地，足历王庭，垂饵虎口，横挑强胡，仰亿万之师，与单于连战十有余日，所杀过当，虏救死扶伤不给。旃裘之君长咸震怖，乃悉征其左右贤王，举引弓之人，一国共攻而围之。转斗千里，矢尽道穷，救兵不至，士卒死伤如积。然陵一呼劳军，士无不起，躬自流涕，沬(huì)血[13]饮泣，更张空弮(quān)，冒白刃，北向争死敌者。

陵未没时，使有来报，汉公卿王侯皆奉觞上寿。后数日，陵败书闻，主上为之食不甘味，听朝不怡。大臣忧惧，不知所出。仆窃不自料其卑贱，见主上惨怆怛(dá)悼，诚欲效其款款之愚。

以为李陵素与士大夫绝甘分少，能得人之死力，虽古之名将，不能过也。身虽陷败，彼观其意，且欲得其当而报于汉。事已无可奈何，其所摧败，功亦足以暴于天下矣。仆怀欲陈之，而未有路，适会召问，即以此指推言陵之功，欲以广主上之意，塞睚眦(yá zì)[14]之辞。未能尽明，明主不晓，以为仆沮贰师，而为李陵游说[15]，遂下于理[16]。拳拳之忠，终不能自列，因为诬上，卒从吏议。家贫，货赂不足以自赎；交游莫救视，左右亲近不为一言。身非木石，独与法吏为伍，深幽囹圄(líng yǔ)之中，谁可告诉者！此真少卿所亲见，仆行事岂不然乎？李陵既生降，颓(tuí)其家声，而仆又佴(èr)之蚕室[17]，重为天下观笑。悲夫！悲夫！事未易一二为俗人言也。

仆之先非有剖符、丹书之功，文、史、星、历，近乎卜、祝之间，固主上所戏弄，倡优所畜，流俗之所轻也。假令仆伏法受诛，若九牛亡一毛，与蝼蚁何以异？而世俗又不能与死节者次比，特以为智穷罪极、不能自免，卒就死耳。何也？素所自树立使然也。人固有一死，死或重于泰山，或轻于鸿毛，用之所趣异也。太上不辱先，其次不辱身，其次不辱理色，其次不辱辞令，其次诎[18]体受辱，其次易服受辱，其次关木索、被箠(chuí)楚受辱，其次剔[19]毛发、婴金铁受辱，其次毁肌肤、断肢体受辱，最下腐刑极矣！传曰："刑不上大夫。"此言士节不可不勉励也。猛虎在深山，百兽震恐，及在槛阱之中，摇尾而求食，积威约之渐也。故士有画地为牢，势不可入，削木为吏，议不可对，定计于鲜也。今交手足，受木索，暴肌肤，受榜箠，幽于圜(yuán)墙之中，当此之时，见狱吏则头抢地，视徒隶则心惕息。何者？积威约之势也。及以至是，言不辱者，所谓强颜耳，曷足贵乎？

且西伯，伯也，拘于羑里[20]；李斯，相也，具于五刑；淮阴[21]，王也，受械于陈；彭越、张敖，南面称孤，系狱抵罪；绛侯诛诸吕，权倾五伯，囚于请室[22]；魏其，大将也，衣赭衣，关三木；季布为朱家钳奴；灌夫受辱于居室，此人皆身至王侯将相，声闻邻国，及罪至罔[23]加，不能引决自裁。在尘埃之中，古今一体，安在其不辱也？由此言之，勇怯，势也；强弱，形也。审矣，何足怪乎？夫人不能早自裁绳墨之外，以稍陵迟，至于鞭箠之间，乃欲引节，斯不亦远乎！古人所以重施刑于大夫者，殆为此也。夫人情莫不贪生恶死，念父母，顾妻子，至激于义理者不然，乃有不得已也。今仆不幸早失父母，无兄弟之亲，独身孤立，少卿视仆于妻子何如哉？且勇者不必死节，怯夫慕义，何处不勉焉！仆虽怯懦欲苟活，亦颇识去就之分矣，何至自沉溺缧绁之辱哉！且夫臧获[24]婢妾犹能引决，况仆之不得已乎！所以隐忍苟活，幽于粪土之中而不辞者，恨私心有所不尽，鄙陋没世而文采不表于后世也。

古者富贵而名磨灭，不可胜记，唯倜傥(tì tǎng)[25]非常之人称焉。盖文王拘而演《周易》；仲尼厄而作《春秋》；屈原放逐，乃赋《离骚》；左丘失明，厥有《国语》；孙子膑脚，兵法修列；不韦迁蜀，世传《吕览》；韩非囚秦，《说难》《孤愤》；《诗》三百篇，大底贤圣发愤之所为作也。此人皆意有所郁结，不得通其道，故述往事，思来者。乃如左丘无目，孙子断足，终不可用，退而论书策以舒其愤，思垂空文以自见。仆窃不逊，近自托于无能之辞，网罗天下放失旧闻，略考其事，综其终始，稽其成败兴坏之纪，上计轩辕，下至于兹，为十表，本纪十二，书八章，世家三十，列传七十，凡百三十篇。亦欲以究天人之际，通古今之变，成一家之言。草创未就，会遭此祸，惜其不成，是以就极刑而无愠(yùn)色，仆诚已著此书，藏之名山，传之其人，通邑大都，则仆偿前辱之责(zhài)[26]，虽万被戮，岂有悔哉！然此可为智者道，难为俗人言也。

且负下未易居，下流多谤议。仆以口语遇遭此祸，重为乡党所戮笑，以污辱先人，亦何面目复上父母之丘墓乎？虽累百世，垢弥甚耳！是以肠一日而九回，居则忽忽若有所亡，出则不知其所往。每念斯耻，汗未尝不发背沾衣也！身直为闺阁之臣，宁得自引深藏岩穴邪？故且从俗浮沉，与时俯仰，以通其狂惑。今少卿乃教以推贤进士，无乃与仆私心刺(là)谬[27]乎？今虽欲自彫琢，曼辞以自饰，无益，于俗不信，适足取辱耳。要之，死日然后是非乃定。书不能悉意，略陈固陋。谨再拜。

注释

① 曩：从前。② 望：怨恨。③ 罢驽：疲弱无能的劣马。④ 大质：身体。⑤ 随、和：随侯珠与和氏璧。⑥ 卒：同“猝”。⑦ 憯：同“惨”。⑧ 宫刑：古代割除男性生殖器官的一种刑法。⑨ 岩穴之士：指山林隐逸之士。⑩ 阘茸：卑贱之人。⑪ 薄伎：微薄的才能。⑫ 媒糵：酒曲，此处是酿成的意思。⑬ 沬血：血流满面。⑭ 睚眦：发怒时瞪眼睛。⑮ 沮：毁谤。贰师：指贰师将军李广利。⑯ 理：即大理，掌管刑法的官。⑰ 佴：相次，随后。蚕室：受过宫刑的人怕风，所以要居于温暖密封的房间里，就像养蚕的屋子，故称。⑱ 诎：同“屈”。⑲ 剔：同“剃”。⑳ 羑里：地名，在今河南汤阴北。㉑ 淮阴：指韩信。㉒ 请室：请罪之室。㉓ 罔：同“网”，法网。㉔ 臧获：古时对奴婢的贱称。㉕ 倜傥：洒脱，不拘束。㉖ 责：同“债”。㉗ 刺谬：违背。

思维导图

写作技巧

文章写作思路
①说明任安来信的内容，再就答复延迟表达歉意
②说明自己因受宫刑，难以参与朝议
③陈述自己惨遭宫刑的原因
④申述自己遭受极辱而不自杀的原因
⑤进一步说明自己受腐刑隐忍苟活的原因
⑥向任安表述沉痛羞辱的愤懑心情

图书在版编目（CIP）数据

藏在古文观止里的那些事儿：思维导图彩绘版．④，汉文 / 新新世纪编．-- 五家渠：新疆生产建设兵团出版社，2022.3

ISBN 978-7-5574-1782-6

Ⅰ．①藏… Ⅱ．①新… Ⅲ．①古典散文—散文集—中国②《古文观止》—青少年读物 Ⅳ．① H194.1-49

中国版本图书馆 CIP 数据核字（2022）第 032734 号

责任编辑：吴秋明

藏在古文观止里的那些事儿：思维导图彩绘版．④，汉文

出版发行	新疆生产建设兵团出版社
地　　址	新疆五家渠市迎宾路 619 号
邮　　编	831300
电　　话	0994-5677185
发　　行	0994-5677116
传　　真	0994-5677519
印　　刷	三河市双升印务有限公司
开　　本	710 毫米 ×1000 毫米　1/16
印　　张	35
字　　数	30 千字
版　　次	2022 年 3 月第 1 版
印　　次	2022 年 4 月第 1 次印刷
书　　号	ISBN 978-7-5574-1782-6
定　　价	198.00 元